www.lespaceducouple.com

365 jours d'Intelligence Amoureuse

AGENDA POUR UN COUPLE HEUREUX

FLORENTINE D'AULNOIS-WANG

365 jours
d'Intelligence
Amoureuse

AGENDA POUR UN
COUPLE HEUREUX

Qui suis-je ?

Depuis des années j'accompagne des gens, depuis des années j'accompagne des couples...

Je suis engagée quotidiennement pour des amoureux de tous bords et je vibre et j'apprends.

Parce qu'il n'y a pas d'école pour le couple autre que l'école de la vie, et que la cellule couple est souvent en souffrance.

Parce que parfois l'amour ne suffit pas...

Parce que des gens merveilleux m'ont transmis des outils sages et puissants.

Parce que je suis passionnée et créative.

Parce que là est mon talent.

Mon être thérapeute est le mélange de mes savoirs accumulés et de ma vie en elle-même. Au gré de mes formations, lectures, rencontres et autres séminaires, j'ai appris, beaucoup appris; mais c'est surtout mon parcours de vie, les joies et les blessures de mon enfance, de ma vie de femme; l'engagement dans mon couple depuis plus de 20 ans, l'inscription dans ma famille, dans ma communauté, la mise au monde et l'accompagnement de mes trois enfants et aussi toutes ces rencontres profondes avec mes clients qui m'ont créée thérapeute telle que je suis et m'ont permis de développer l'Intelligence Amoureuse[©1] .

Aujourd'hui il est vraiment temps pour moi de transmettre.

Florentine d'Aulnois-Wang

---

1 J'ai écrit « Les clés de l'Intelligence Amoureuse » publié aux Éditions Larousse en 2018

À tous ceux qui croient en nous et nous soutiennent
dans nos activités de l'Espace du couple.

À vous qui cherchez à développer l'Intelligence Amoureuse,
qui savez que le grand amour ne se trouve pas,
mais qu'il se construit pas à pas...

Je vous honore de prendre soin de votre relation
et je vous souhaite de beaux instants de partage.

Pour changer le monde, un couple à la fois...

With Love.

Florentine

Table des matières

Introduction

Peut-être que cet échange vous est familier...Ces échanges automatisés de fin de journée. On se retrouve, et...c'est la même routine. Parfois désincarnée, dé-présencée...

Vous souvenez-vous de vos débuts ? Ces heures passées à se découvrir, faire connaissance, échanger. Ces heures de pleine curiosité, d'oreilles attentives, des heures qui passaient comme des minutes. Puis nous devenons de plus en plus familiers et nous cessons de faire connaissance. Les responsabilités s'accumulent au fil des mois, des années, et nous voilà débordés de choses à faire et de contraintes à gérer... Nous voilà ployant sous la charge. Beaucoup d'entre-nous se retrouvent là : en mode autopilote, nostalgiques de la connexion des débuts, mais sans énergie et sans ressources pour la recréer...

Une des voies royales pour retrouver de l'intimité est d'échanger en profondeur de façon ouverte et positive, cela nous réouvre à la communauté de cœur, la proximité affective. Souvent il suffit d'ouvrir les vannes...

" Je t'aimerai toujours ! "

" Commence par m'aimer
tous les jours... "

Dans ce monde qui court et qui court encore, il est de plus en plus difficile d'offrir notre présence, y compris dans notre couple. La densité de nos horaires, la multiplicité de nos choix et de nos devoirs nous précipitent dans un rythme fou. **Souvent, c'est le temps de présence à soi et à son couple qui pâtit le premier de cette carence d'espace-temps.** Nous expédions cette partie précieuse de notre vie pour mieux servir le reste. Bizarrement, nous faisons passer le reste du monde avant nous et notre monde intime (partenaire, enfants, proches...).

Il est temps de remettre notre couple au centre de notre vie. Chronos (le temps de l'horloge, la quantité de minutes) nous dévore et nous empêche de vivre Kaïros (le moment, le temps infini, la sensation du temps qui ne se compte pas en minutes, les moments d'éternité) dans notre relation amoureuse.

Dans les temps plus houleux, évidemment, le désir est moins grand de se retrouver à deux. Or, c'est précisément dans ces périodes-là qu'il est urgent de s'accorder des moments ensemble ! **En se retrouvant hors des trépidations du monde, nous multiplions les chances de nous reconnecter.**

Un autre phénomène nous challenge depuis quelques années : l'invasion des smartphones. Il constitue un nouveau défi au sein même de notre couple, au cœur de notre intimité. Il faut sortir tous les écrans de nos chambres ! **Nous devons nous retrouver ensemble, juste à deux, ne serait-ce que dans nos lits !**

Ce défi du temps à être ensemble est de taille. C'est pourtant probablement le plus simple à mettre en œuvre : être ensemble et c'est tout. Sans agenda, échanger, se regarder, se toucher, se sentir. Vivre un moment juste à deux... *Dans la folie du monde d'aujourd'hui, c'est une intention à poser, une décision à prendre. Un paradoxe : nous devons prendre des rendez-vous au sein de notre couple pour ne rien faire d'autre qu'être ensemble.* Très concrètement, il nous faut réserver un créneau dans nos agendas ! (Messieurs, apprenez au passage que le plus grand aphrodisiaque pour une femme est précisément ce cadeau de votre présence...)

" Soyez le changement
que vous voulez voir dans le monde. "

Gandhi

" Soyez le changement
que vous voulez voir dans le couple. "

Florentine

« Et quand l'autre ne veut pas (bouger, travailler à la relation, communiquer... ? » Cette question m'est souvent adressée. Elle me touche profondément parce qu'elle est posée de l'endroit d'une vraie douleur.

L'un des deux, peut-être vous qui lisez ce livre, souvent sur un chemin de développement personnel, se sent « porter » la transformation dans le couple, avec toute la peur de perdre le lien, les croyances que rien n'avancera si l'autre ne fait pas de même, les histoires qu'il se raconte que l'autre ne tient pas tant que ça à la relation, et le sentiment d'injustice d'être le seul à... On peut même finir par se raconter l'histoire que l'autre ne nous aime plus !

Cette insécurité peut nous faire devenir assez agressif dans le lien, dans notre insistance, et nous faire oublier la liberté de nos différences... Nous pouvons devenir de vrais terroristes en herbe dans le couple et mettre une pression incroyable. Cette belle envie de transformation, de mieux, de meilleur, de conscience et de lumière peut nous faire basculer dans le cauchemar si nous n'y prenons garde... avec la plus belle intention du monde. L'enfer est pavé de bonnes intentions.

Cette porte du changement ne s'ouvre que de l'intérieur, c'est un appel intime, nul ne peut la forcer, juste la suggérer. Cette porte est magnifique et c'est vraiment naturel de tenir tant à ce que l'a personne que nous aimons se mette en route pour l'ouvrir. Nous le voulons entier, vivant, magnifique ! C'est de l'amour.

Nous le voulons libéré de ses psycatrices...

Respirez... La vie se métamorphose par la douceur, par le positif, par l'amour, par la bienveillance, par la patience... Vous faites un travail magnifique, vous êtes en chemin vers vous-même : lorsque l'un change, la relation change ! Ayez confiance.

« Un » peut et va transformer le « deux » parce que c'est bien la relation qui donne naissance à deux individus (et non deux individus qui donnent naissance à la relation). Tout ce que nous mettons dans la relation (ou pas) nous façonne, chacun.

Alors si votre partenaire n'a aucune envie de parcourir chaque jour une question et y répondre avec vous, respirez... C'est normal d'avoir peur de changer la donne, de craindre l'intimité, de n'avoir pas envie de « recettes » ou autre conseil de l'extérieur... Vous pouvez toujours regarder de votre côté l'amorce de phrase ou l'action du jour et la glisser dans le flot de la conversation, à un moment où vous vous retrouvez tranquillement. Dans le canapé quand les enfants sont couchés ou dans votre lit au moment du coucher... Vous allez y arriver...

Faites-le de votre côté, avec patience et générosité, vous verrez la transformation se faire petit à petit.

Et laissez-vous surprendre ! Il se peut que votre partenaire soit plus courageux, ouvert, généreux que vous ne pouvez vous-même l'être pour certaines de mes propositions... Nous sommes tellement différents et complémentaires.

N'oubliez pas que devenir un partenaire de rêve a un impact beaucoup plus profond sur la relation que d'exiger un partenaire de rêve (ce qui n'a jamais fonctionné en réalité, mais qui a plutôt toutes les chances de rendre la relation compliquée...).

Et si on
s'écoutait... ?

Nous sommes câblés pour être en lien, et la qualité de notre connexion est liée étroitement à la qualité de notre communication. Le problème dans la communication est que nous n'écoutons pas pour entendre l'autre, ni pour le comprendre, mais nous l'écoutons pour mieux fourbir des réponses de défense, des arguments pour contrer, nous l'écoutons pour répondre, nous jouons au ping-pong...

Notre attention et notre énergie sont mobilisées en majorité pour autre chose que l'écoute.

Idéogramme chinois du mot « écouter »

Regardez cet idéogramme chinois. Là la profondeur et la sagesse anciennes de cette culture nous apprennent. Regardez tout ce qui entre en jeu dans l'écoute :

1. *Les oreilles,* l'organe qui capte le son.

2. Mais aussi *les yeux,* joindre le regard à l'audition complète la sensorialité.

3. Ajoutez *le cœur* : écouter avec le cœur ouvre l'empathie et permet le non-jugement, écouter avec le cœur connecte notre humanité.

4. *L'esprit* se joint alors pour l'intelligence et pour le sacré.

5. Évidemment, *toi,* ton monde, cet être en face de moi.

6. Le tout est couronné par *l'attention indivisée,* ô merveille, le focus total, la présence...

Écoutons « à la chinoise », donnons-nous ce cadeau consciemment. Une écoute radicale.

Ce que nous savons de l'autre nous empêche de le connaître. Nous avons un petit album photo intérieur de notre partenaire, et nous « savons » qui il est. Nous oublions qu'il change sans arrêt, qu'il est libre de se réinventer à chaque occasion.

Notre monde valorise surtout ceux qui s'expriment, mais il nous faut apprendre à écouter, à écouter radicalement, à changer la forme de nos échanges.

Savez-vous que seuls 7 % de la communication sont contenus dans les mots, 93 % de ce qui passe de l'un à l'autre sont faits d'autre chose ! Voilà pourquoi il nous faut plus que l'oreille pour faire connaissance.

Cette forme d'écoute que je vous propose d'activer dit « J'ai tout le temps du monde pour toi », « Je veux connaître l'expérience que tu connais » et transforme. C'est une écoute qui casse le jugement, qui nous sort des enfermements de notre monde intérieur, qui ouvre les portes. Une écoute qui est d'accord pour faire connaissance avec « tout ce que tu es ».

Plus vous allez ouvrir votre écoute, plus votre partenaire aura envie de se dire, plus vous faciliterez la connexion.

Ce livre a réellement le potentiel de transformer votre relation jour après jour, d'ouvrir des espaces de communication, d'intimité et de connexion qui nourriront votre couple. Vous pourrez dérouler un maximum de propositions lors d'un moment ensemble comme un week-end en amoureux ou autre, ou prendre les questions les unes après les autres jours après jour. Peut-être un mix des deux. Vous aurez votre style.

Certaines vous paraitront faciles, passionnantes... D'autre seront plus un challenge, d'autre vous donneront envie de passer votre tour : ne le faites pas ! C'est le signe que vous êtes sur un défi de croissance. Cet inconfort vous annonce un cadeau à la clef : dépasser une limitation intérieure, grandir, vous stretcher...devenir plus vivant !

Je sais que les conversations qui vont découler de vos échanges vont enrichir votre communication, et c'est une des clés d'un couple heureux. *Cela fait partie de l'Intelligence Amoureuse.*

Comment
utiliser
ce livre ?

Prenez chaque jour du temps l'un pour l'autre.

Pendant un moment de calme ; regardez-vous profondément dans les yeux quelques instants, lisez la proposition du jour.

Ouvrez grand votre cœur et partagez à tour de rôle ce qui vous vient;

Déployez-vous dans le positif.

(Votre partenaire peut faire le miroir, c'est-à-dire répéter ce que vous venez de dire pour voir si vous avez saisi l'essentiel. Ex. : je t'entends me dire que... Est-ce bien cela ?)

Observez jour après jour les effets sur votre intimité, sur votre connexion, sur votre amour !

Par date du jour

Vous avez une proposition ou amorce de phrase ou action par jour du calendrier. Vous n'avez pas besoin de commencer au 1er janvier ! Mettez-vous à la date du jour et commencez. Chaque jour de l'année est une magnifique date pour vous y mettre !

Par thème

J'ai organisé les questions par thème. Allez page pour voir en index la liste des thèmes, vous pouvez choisir d'explorer ainsi.

#se dire (pour faire plus ample connaissance)

#jouir (pour entretenir la flamme ou mettre le feu)

#chérir (pour baigner dans le bon, le bien, le beau)

#agir (parce qu'aimer est un verbe d'action)

#grandir (pour sortir de vos zones de confort)

En toute liberté

Vous pouvez même vous y prendre dans le désordre, choisir les propositions qui vous plaisent le plus et commencer ainsi, puis revenir aux dates (ou pas). Servez-vous.

Avec une intention

Choisissez le positif dans vos réponses ! Allez vers le beau, le bon, le bien, le mieux. Vous pourrez toujours utiliser ce support pour faire de la bouillie... Alors choisissez d'aller vers la lumière, laissez-vous toucher, respirez quand les émotions vous traversent.

Apprenez à laisser l'autre se dire en toute sécurité. Ne répondez pas. C'est son monde, son univers, sa vérité. Faites connaissance ! Osez traverser la passerelle entre vos deux mondes et découvrez-vous ! (dans tous les sens du terme)

Et avec souplesse

Quand une proposition requiert plus de temps que vous n'en avez, donnez-vous la semaine pour y répondre (mais faites-le !). Ou proposez-vous un délai qui vous convient (mais faites-le !).

Quand
utiliser
ce livre ?

 Au dîner

 Au réveil

En voiture

 Au téléphone

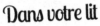 Lors d'une escapade en amoureux

 Autour d'un café

Dans votre lit

Une fois les enfants au lit

 En avion

Échoués sur une île déserte

 Quand vous voulez !

Quelques conseils pour potentialiser votre expérience

Coupez-vous des distractions

Éteignez la TV, mettez les téléphones en veille, couchez vos enfants. Soyez prêts à donner 100% de votre attention à ce moment entre vous. Plongez dans l'expérience..

Tenez compte du langage corporel.

Regardez-vous dans les yeux, touchez-vous, soyez proches et attentifs à ce que vos corps disent... Montrez avec votre corps que vous êtes proche et curieux.donnez-vous de la réassurance s'il en est besoin.

Utilisez la liste des émotions (page 145)

Échanger nous fait vivre des émotions, celui qui parle comme celui qui écoute. Accueillez, laissez-vous traverser... la liste va vous aider à devenir plus fins pour discerner ce que vous sentez (sinon nous sommes vite réduits à 5 émotions de base). Vous pouvez même partager ce que vous vivez avec bienveillance.

Écoutez avec empathie

Créez ensemble un espace d'échange sans jugement, un espace dans lequel vous pouvez vous découvrir en sécurité, dans la présence l'un de l'autre. Un espace dans lequel vous ne serez pas agressé, minimisé, jugé, ignoré ou contredit... Créez à deux un espace dans lequel vous avez le droit d'être exactement qui vous êtes !Un espace qui invite une totale sécurité.

Écoutez avec vos oreilles, vos yeux, votre focus total, votre esprit et votre CŒUR.

Gardez l'esprit ouvert

Vous êtes très différents tous les deux. Traversez le pont entre vos deux mondes pour ressentir, vivre, approcher l'expérience de votre partenaire. Soyez ouvert à la surprise, à la joie, au rire, à la déception ou au chagrin même, nous sommes tout cela et bien plus... Laissez-vous traverser en restant présent.

N'interrompez pas l'autre

Plongez dans son monde, son histoire, ses mots... Laissez-le dérouler. Si vous interrompez votre partenaire, vous lui envoyez un message négatif du style « je n'ai pas le temps pour toi », « je m'en fiche » ou « j'ai des choses plus intéressantes à dire », etc. Parfois vous vous sentirez peut-être inconfortable, mais restez là avec cela. Processez à l'intérieur en silence, respirez, accueillez. Vous allez peu à peu dessiner un espace de couple dans lequel chacun a toute sa place.

Canalisez votre réactivité

Si votre relation est en autopilote depuis un moment, certaines questions titilleront peut-être des choses qui sont « sous le tapis » dans votre relation. Si vous vous sentez « activés » émotionnellement (le cœur qui bat plus fort, la chaleur qui monte, la respiration qui s'accélère, la transpiration...Vous vous sentez anxieux, ou en colère, ou frustré... Vous avez envie de répondre) C'est juste le signe que vous avez des choses à travailler entre vous. Respirez et prenez soin de vous le temps de revenir au calme (une tisane ? Un tour dehors ? Quelques étirements ? Un câlin ? Vous avez vos solutions propres).

Faites ce que vous avez à faire pour retrouver votre sérénité et explorez le sujet en couple (et si c'est trop « chaud », trouvez-vous un thérapeute de couple ou venez faire un stage à l'Espace du Couple).

Ne vous servez jamais de ce que vous avez appris l'un de l'autre dans ces échanges profonds comme argument lors d'une dispute !

Et surtout faites-vous accompagner si votre relation en a besoin, ce n'est pas de mettre la tête sous l'eau qui nous noie, mais d'y rester trop longtemps...

Parlez en « je »

Parlez de vous. Ne parlez pas de l'autre, pas de « tu » qui tue (c'est la meilleure façon de déclencher la réactivité et de perdre le moment... Cela brise la connexion.)

Essayez par exemple : je me sens perdu(e) à la place de « tu dis n'importe quoi » ou « j'ai peur d'être abandonné(e) » plutôt que

« tu ne m'as pas regardé(e) de la soirée ». Prenez la responsabilité de vos émotions ; elles ont un sens profond et un enseignement pour vous. Mais si vous laissez agir vos émotions (éclat de colère, bouderie, repli sur soi…) sans prendre le temps de les comprendre, vous risquez de mettre votre partenaire en mode « défensif » et de perdre son soutien.

Ouvrez grand votre monde, sans arme et sans bouclier. Donnez à votre partenaire une chance de goûter votre vibration, dans ce qu'elle a de magnifique et dans ce qu'elle a de vulnérable. C'est ainsi que l'on tisse l'intimité…

Amusez-vous !

Communiquer dans le couple c'est sérieux, mais ce n'est pas grave !
Certaines de mes questions ou amorces de phrase sont là pour approfondir votre connexion, vous brancher à des thèmes fondamentaux, « remuer la pulpe ».

D'autres sont dessinées pour vous faire grandir, vous sortir de vos zones de confort pour plus de vie.

Certaines sont là pour vitaliser votre intimité sexuelle, d'autres sont là essentiellement pour que vous ayez du fun ensemble (la joie est un des piliers du couple). Il y a tous les registres ; embrassez-les.

Janvier

« Peut-être que l'amour c'est ce mouvement
par lequel je te ramène doucement à toi-même »

Antoine de Saint Exupéry

Janvier

01 #chérir

Un des moments avec toi que j'ai adoré vivre c'est...

02 #se dire

Une de mes réalisations de l'année passée
dont je me sens fier(e) c'est...

03 #grandir

Ce que tu m'aides à dépasser de mon enfance c'est...

04 #jouir

J'ai du désir pour toi quand...

Janvier

05 #agir
Achète ou cuisine un mets qui va régaler ton partenaire

06 #chérir
Ce qui m'aide le plus à revenir vers toi c'est...

07 #se dire
Une de tes réalisations de l'année passée qui me rend fier(e) c'est...

08 #grandir
Dans notre vie je voudrais mettre davantage de...

09 #jouir

Les caresses que j'aime recevoir de toi c'est...

10 #agir

Écrivez-vous une lettre d'amour

11 #chérir

Je me sens aimé(e) quand tu...

12 #se dire

Si je n'avais pas besoin de dormir ce que je ferais
à la place c'est...

Janvier

13 #grandir

Une chose que j'aimerais faire plus pour notre relation c'est...

14 #jouir

Ce que je préfère quand nous faisons l'amour c'est...

15 #agir

Organisez un week-end en amoureux à vivre dans les 3-4 mois.

16 #chérir

Ce que j'aime faire avec toi c'est...

17 #se dire

Ma façon de me ressourcer c'est...

18 #grandir

Un de mes rêves avec toi c'est...

19 #jouir

Une expérience sexuelle que j'aimerais vivre avec toi c'est...

20 #agir

Prenez le temps de fêter ensemble une réussite récente

Janvier

21 #chérir
Ce que j'admire chez toi c'est...

22 #se dire
Une chose pour laquelle j'aimerais être reconnu professionnellement c'est...

23 #grandir
Grâce à nous, à notre couple, j'ai pu...

24 #jouir
Un endroit nouveau où j'ai envie de faire l'amour c'est...

25 #agir

Rendez-vous un service (que vous ne vous êtes jamais rendu) dans les 24/48 h

26 #chérir

Deux ou trois qualités que j'aime chez moi c'est...

27 #se dire

Les gens qui comptent le plus pour moi
dans notre entourage sont...

28 #grandir

Ce que nous avons surmonté ensemble
et dont je suis fier(e) c'est...

Janvier

29 #jouir

Dans nos routines sexuelles, j'adore...

30 #agir

Partage sur un moment où tu t'es senti
profondément aimé.

31 #chérir

Deux ou trois qualités que j'aime chez toi c'est...

Février

« Chaque matin, les hommes et les femmes
qui prennent soin de la parcelle du monde
qui leur a été confiée sont en train de sauver
le monde sans le savoir »

Christiane Singer

Février

1 #se dire

Je me sens aimé quand je rentre le soir et que tu...

2 #grandir

j'aimerais que tu me soutiennes dans mon projet de...

3 #jouir

Les plaisirs que tu me donnes c'est...

4 #agir

Prévoyez une sortie à deux cette semaine

Février

5 #chérir
Ce que j'aime dans notre couple c'est...

6 #se dire
La façon dont je suis vraiment différent(e) de toi c'est...

7 #grandir
Cela m'a beaucoup aidé quand tu as...

8 #jouir
Ma façon de te montrer mon désir c'est...

9 #agir

Préparez-vous l'un pour l'autre un « truc » romantique
pour la Saint-Valentin

10 #chérir

J'ai confiance en toi pour...

11 #se dire

Si je devais écrire une loi
que tout le monde devrait suivre, ce serait...

12 #grandir

Une envie que j'ai pour nous c'est...

Février

13 #jouir
Mon moment préféré pour faire l'amour c'est...

14 #agir
Améliorez ensemble une chose dans vos rangements qui va vous les rendre plus pratiques

15 #chérir
Ce qui m'a fait tomber amoureux(se) de toi c'est...

16 #se dire
Une chose importante pour moi en dehors de notre couple/famille c'est...

17 #grandir

Un aspect de moi que tu m'as beaucoup aidé à déployer
c'est...

18 #jouir

Un fantasme sexuel que j'ai envie de vivre avec toi c'est...

19 #agir

Dites-vous l'un l'autre une chose qui va vous soulager
tous les deux

20 #chérir

Ce que j'aime dans ton corps c'est...

Février

21 #se dire

Une chose qui peut m'empêcher d'être totalement
honnête avec toi c'est...

22 #grandir

Une façon dont je pourrais te soutenir plus
dans tes projets personnels c'est...

23 #jouir

Vivre un orgasme pour moi c'est...

24 #agir

Décidez une chose que vous êtes prêts à vous pardonner
l'un l'autre et faites-le

25 #chérir
La sortie que j'ai préférée avec toi c'est...

26 #se dire
Dans mes meilleurs souvenirs d'enfance il y a...

27 #grandir
Une façon dont je pourrais te soutenir plus
dans ton développement professionnel c'est...

28 #jouir
Une bonne façon d'éveiller mon désir c'est...

29 #agir
Réparez ensemble un objet de la maison
ou de l'un de vous.

Mars

« Le seul alchimiste capable de tout
transformer en or, c'est l'amour »

Anaïs Nin

Mars

1 #chérir

Ma façon de te montrer que je t'aime c'est...

2 #se dire

Ce qui me donne beaucoup de joie en ce moment c'est...

3 #grandir

Une façon dont je pourrais te soutenir plus
dans tes relations (familiales-amicales-...) c'est...

4 #jouir

Nous pourrions pimenter nos rencontres sexuelles en...

Mars

5 #agir
Dansez tous les deux sur votre musique préférée.

6 #chérir
Une chose que je découvre chez toi et que j'adore c'est...

7 #se dire
Pour moi une relation de rêve c'est...

8 #grandir
Nous pourrions mieux gérer notre argent en...

Mars

9 #jouir

Un de mes meilleurs souvenirs de sexe avec toi c'est...

10 #agir

Donnez-vous un massage

11 #chérir

La façon dont tu es une ressource pour moi c'est...

12 #se dire

Un passage de ma vie que je voudrais revivre c'est...

Mars

13 #grandir
Une ou deux choses que nous pourrions faire
pour réduire notre stress seraient...

14 #jouir
Une caresse qui me comble c'est...

15 #agir
Jouez à un jeu de société ensemble

16 #chérir
J'aime quand tu dis de moi que...

17 #se dire

Une chose que je t'ai dite et que j'aurais aimé dire différemment c'est...

18 #grandir

Quand tu me présentes des excuses, je me sens...

19 #jouir

Une caresse que j'aimerais explorer c'est...

20 #agir

Allez faire une grande promenade aujourd'hui ou demain

Mars

21 #chérir
Une chose de toi dont je ne pourrais plus me passer c'est...

22 #se dire
Parfois je me sens seul avec toi quand...

23 #grandir
Une chose que j'ai faite et que j'aurais aimé faire différemment c'est...

24 #jouir
Une chose que je n'ose pas te dire c'est...

25 #agir
Faites un long câlin habillé

26 #chérir

Nous formons une belle équipe quand...

27 #se dire
Ce que je voudrais laisser derrière moi c'est...

28 #grandir
Pour prendre de meilleures décisions ensemble
nous pourrions...

Mars

29 #jouir
Une belle façon de me rendre désirant(e) c'est...

30 #agir
Stoppez tous les écrans quand vous êtes ensemble pendant les prochaines 24h

31 #chérir
Ce que j'aime dans ta famille c'est...

Avril

« La nature ne demande pas la permission
pour ce qui est de guérir et de grandir.
Faites comme elle »

Clarissa Pinkola Estés

Avril

1 #se dire

Une chose que j'ai adoré faire avec toi c'est...

2 #grandir

Un domaine dans lequel nous devrions chercher
de l'aide c'est...

3 #jouir

Ce qui me donne envie de toi c'est...

4 #agir

Organisez un week-end en amoureux

Avril

5 #chérir
Cela me touche profondément quand tu...

6 #se dire
Une décision financière que je regrette un peu c'est...

7 #grandir
Un nouveau rituel que j'aimerais vivre entre nous c'est...

8 #jouir
Les préliminaires que je préfère c'est...

Avril

9 #agir

Prenez au moins 1/2h pour vous caresser.

10 #chérir

Ce que j'aime dans ma famille c'est...

11 #se dire

Enfant je vivais des moments difficiles quand...

12 #grandir

Une tradition que j'aimerais qu'on instaure c'est...

Avril

13 #jouir
Mon moment préféré pour l'amour c'est...

14 #agir
Rangez ensemble une chose qui traine
depuis trop longtemps

15 #chérir
Je me sens soutenu(e) quand tu...

16 #se dire
Ce qui me donne confiance en l'humanité c'est...

17 #grandir

Ce qui m'aiderait à grandir ma confiance en moi c'est...

18 #jouir

Mon endroit référé pour l'amour c'est...

19 #agir

Prenez le temps de vous allonger en silence au soleil.

20 #chérir

Un grand moment de rigolade avec toi a été...

Avril

21 #se dire

L'argent pour moi cela représente...

22 #grandir

Je me sentirais encore plus aimé(e) si tu...

23 #jouir

Ce qui m'excite c'est...

24 #agir

Invitez des amis pour un moment de partage

25 #chérir

Je sais que je peux compter sur toi pour...

26 #se dire

Ce que j'ai besoin que tu comprennes profondément
à propos de moi c'est...

27 #grandir

J'ai besoin de me pardonner pour avoir...

28 #jouir

Une expérience de l'enfance qui m'a construit
sexuellement c'est

Avril

29 #agir
Faites un truc débile pour rire ensemble

30 #chérir
Ce que je te souhaite du fond de mon cœur c'est...

Mai

« L'amour, c'est quand quelqu'un vous ramène
à la maison, quand l' âme revient au corps,
épuisée par des années d'absence. »

Christian Bobin

Mai

1 #se dire

Une question que je me pose à propos de mes parents c'est...

2 #grandir

Une chose que je voudrais mettre derrière nous c'est...

3 #jouir

Avec toi j'aimerais essayer...

4 #agir

Abordez et tranchez une décision qui traine

Mai

5 #chérir

Une des forces que nous avons ensemble c'est...

6 #se dire

Une chose dont je ne pourrais pas me passer c'est...

7 #grandir

L'idée d'une thérapie de couple, d'un stage
ou d'un soutien pour notre relation c'est...

8 #jouir

Un fantasme que je voudrais te raconter (sans le vivre)
c'est...

Mai

9 #agir

Améliorez une chose dans votre chambre
qui va vous la rendre plus confortable

10 #chérir

Dans mes meilleurs souvenirs avec toi il y a...

11 #se dire

Un joli moment de mon histoire que tu ne connais
peut-être pas c'est...

12 #grandir

Un changement que je pourrais inviter
dans ma vie c'est...

Mai

13 #jouir
Un fantasme que j'aimerais vivre avec toi c'est...

14 #agir
Imaginez à haute voix une chose immense pour vous

15 #chérir
Une chose que tu nous apportes c'est...

16 #se dire
Une chose que je n'ai jamais dite à personne c'est...

17 #grandir

Une chose que je voudrais qu'on fasse moins c'est...

18 #jouir

Quand tu veux me faire jouir rapidement tu peux...

19 #agir

D'ici la fin de la semaine, débarrassez-vous ensemble d'une tâche administrative qui traine

20 #chérir

Ce qui est reposant avec toi c'est...

Mai

21 #se dire

Une personne pour laquelle j'ai beaucoup
de gratitude c'est...

22 #grandir

Une plainte que je m'engage à faire cesser c'est...

23 #jouir

Un accessoire que nous pourrions essayer c'est...

24 #agir

Inventez votre devise du couple heureux

25 #chérir

Une chose pour laquelle j'aimerais te remercier c'est...

26 #se dire

Une qualité que je voudrais développer en moi c'est...

27 #grandir

J'aimerais exprimer plus mon besoin de...

28 #jouir

Une zone sur laquelle tu pourrais t'attarder c'est...

Mai

29 #agir
Prenez le temps de dire votre gratitude à quelqu'un
qui est une ressource pour vous.

30 #chérir
Une chose pour laquelle je t'honore c'est...

31 #se dire
Ce que j'ai compris à propos de l'argent
en grandissant dans ma famille c'est...

Juin

« Le plus grand art est de vivre une vie ordinaire
de manière extraordinaire »

Proverbe tibétain

Juin

1 #grandir

Je pourrais faire un effort pour...

2 #jouir

J'aime quand tu m'embrasses sur...

3 #agir

Prenez rendez-vous pour faire l'amour

4 #chérir

Ce que j'aime dans notre relation en ce moment c'est...

Juin

5 #se dire
Mon plus ancien souvenir c'est...

6 #grandir
Une émotion que je pourrais mieux gérer c'est...

7 #jouir
Une position que j'adore c'est...

8 #agir
Décidez d'une activité nouvelle
que vous allez faire ensemble ce week-end

9 #chérir

Ce que tu fais pour notre foyer
et que j'apprécie vraiment c'est...

10 #se dire

Ce qui m'a causé le plus de douleur
dans mon enfance c'est...

11 #grandir

Ce qui me réconforte le plus avec toi c'est quand...

12 #jouir

Une position que j'aimerais essayer c'est...

Juin

13 #agir
Donnez-vous un long baiser d'amoureux
avec toute votre présence.

14 #chérir
Ce qui est ressourçant avec toi c'est...

15 #se dire
Ce qui m'a causé le plus de joie dans l'enfance c'est...

16 #grandir
Une habitude familiale
dont je pourrais me défaire c'est...

Juin

17 #jouir

Dans le plus cru de ce que j'aime il y a...

18 #agir

Cuisinez-vous ensemble un plat que vous adorez

19 #chérir

Un de tes cadeaux qui m'a fait le plus plaisir c'est...

20 #se dire

Pour moi la meilleure façon de passer du temps c'est...

Juin

21 #grandir
Une chose que je m'engage à ne plus te dire c'est...

22 #jouir
Ce que m'a appris ma première expérience sexuelle c'est...

23 #agir
Faites un concours de grimaces

24 #chérir
Tu me fais rire quand...

25 #se dire

La chose la plus extraordinaire que j'ai faite c'est...

26 #grandir

Ce qui m'aiderait à m'excuser c'est...

27 #jouir

Quand j'ai moins d'énergie, une belle façon d'être
«en sexe» c'est...

28 #agir

Caressez-vous l'un l'autre pendant au moins 1/2h
(sans faire l'amour)

Juin

29 #chérir
Ce qui est facile et délicieux avec toi c'est...

30 #se dire
Si je gagnais au loto, je ferais...

Juillet

« L'Amour n'est pas seulement un sentiment ;
c'est un art. Et comme tous les arts,
l'inspiration ne lui suffit pas ;
il demande aussi beaucoup de travail. »

Paulo Coelho

Juillet

1 #grandir

Un compliment que j'aimerais recevoir de toi c'est...

2 #jouir

L'endroit de ton corps que j'aime le plus embrasser c'est...

3 #agir

Donnez des nouvelles à des amis chers

4 #chérir

Ta façon d'apporter de la joie c'est...

Juillet

5 #se dire

Ce que je voudrais me dire en mourant c'est...

6 #grandir

Si je pouvais recommencer une chose, ce serait...

7 #jouir

L'endroit de ton corps que j'aime le plus sentir c'est...

8 #agir

Faites ou dites une chose
jusqu'à faire rire votre amoureux (se)

9 #chérir

Ta façon d'apporter de la joie c'est...

10 #se dire

Ce que je voudrais me dire en mourant c'est...

11 #grandir

Quand tu me présentes des excuses, je me sens...

12 #jouir

L'endroit de ton corps que j'aime le plus sentir c'est...

Juillet

13 #agir

Allongez-vous une heure au soleil juste tous les deux
(pour les citadins, trouvez-vous une belle terrasse ou un
parc)

14 #chérir

En vieillissant ce qui se bonifie chez toi c'est...

15 #se dire

Une phrase qui me guide c'est...

16 #grandir

Un compliment que j'aimerais vraiment entendre de toi
c'est...

17 #jouir

Un vécu difficile dans ma sexualité ça a été...

18 #agir

Écrivez à une personne importante pour vous

19 #chérir

Je sens que je compte pour toi quand...

20 #se dire

Un cadeau qui me fait rêver c'est...

Juillet

21 #grandir

Un thème entre nous que nous évitons c'est...

22 #jouir

Un de mes grands plaisirs c'est...

23 #agir

Regardez-vous en silence les yeux dans les yeux, les mains dans les mains pendant 4-5 mn et sentez...

24 #chérir

Ce qui me rend fier(e) à propos de notre couple c'est...

25 #se dire
Ce qui me fait sentir le plus vulnérable c'est...

26 #grandir
Une chose pour laquelle je me suis engagé(e) avec toi
et que je n'ai pas faite c'est...

27 #jouir
L'endroit de ton corps que j'aime le plus toucher c'est...

28 #agir
Partagez ensemble sur une lecture/film/rencontre qui vous
a le plus impacté dernièrement

Juillet

29 #chérir
Un projet qu'il a été génial de mener ensemble c'est...

30 #se dire
Un de mes rêves d'enfant c'était...

31 #grandir
Un échec qui s'est avéré un être vrai cadeau pour moi c'est...

Août

« L'amour ne veut pas la durée,
il veut l'instant et l'éternité. »

Friedrich Nietzsche

Août

1 #jouir

La pensée de sextos pour moi c'est...

2 #agir

Améliorez une chose dans votre cuisine
qui va vous la rendre plus fonctionnelle

3 #chérir

Une des plus belles choses que tu m'as dites c'est...

4 #se dire

La chose la plus importante que mes parents m'ont dite
c'est...

Août

5 #grandir
Ce que j'ai envie de faire pour plus de sens dans ma vie c'est...

6 #jouir
Un enseignement sexuel précieux pour moi a été...

7 #agir
Organisez une petite fête

8 #chérir
Une des plus belles choses que tu as faites pour moi c'est...

9 #se dire

Un des moments les plus intenses de ma vie a été...

10 #grandir

Une chose que tu pourrais faire pour me faire sentir plus entendu(e) c'est...

11 #jouir

L'endroit de ton corps que j'aime le plus embrasser c'est...

12 #agir

Rappelez-vous d'un moment unique de votre histoire

Août

13 #chérir
Ce qui est sécurisant avec toi c'est...

14 #se dire
Ce qui me fait le plus peur dans la vie c'est de...

15 #grandir
Je pourrais prendre plus soin de moi en...

16 #jouir
J'aime l'odeur de ton/ta/tes...

17 #agir

Créez votre prière

18 #chérir

J'ai beaucoup de gratitude pour toi pour...

19 #se dire

La chose la plus dangereuse que j'ai faite c'est...

20 #grandir

Ce qui me fait sentir mal dans notre relation c'est...

Août

21 #jouir

J'aime le goût de ton/ta/tes...

22 #agir

Racontez-vous un moment de grand ridicule

23 #chérir

Tu as vraiment été courageux quand...

24 #se dire

Une chose que je veux faire avant de mourir c'est...

25 #grandir

Une chose que je pourrais dire au moi
d'il y a 10 ans c'est...

26 #jouir

J'aime quand tu embrasses mon/ma/mes...

27 #agir

Cette semaine vous ne boirez que de l'eau

28 #chérir

Récemment un moment où je me suis vraiment
senti(e) bien avec toi c'est...

Août

29 #se dire
Ce que j'aime chez mes amis c'est...

30 #grandir
La façon dont tu pourrais m'aider dans mes projets c'est...

31 #jouir
J'aime quand tu touches mon/ma/mes...

Septembre

« Il n'y a pas d'amour,
il n'y a que des preuves d'amour. »

Pierre Reverdy

Septembre

1 #agir

Passez 24h sans écrans quand vous êtes ensemble

2 #chérir

Tes amis ont de la chance de t'avoir parce que tu...

3 #se dire

Dans la liste de mes envies il y a...

4 #grandir

Ce qui me ferait grandir spirituellement c'est...

Septembre

5 #jouir
J'aime quand tu mordilles mon/ma/mes...

6 #agir
Prévoyez un truc dingue

7 #chérir
Ce que j'aime chez toi en tant que père/mère c'est...

8 #se dire
Ce que j'aime dans mon métier c'est...

9 #grandir
Ce qui pourrait nous arriver de plus beau c'est ..

10 #jouir
L'idée du sexe au téléphone me fait sentir...

11 #agir
Préparez un diner aux chandelles

12 #chérir
Tu me fais craquer quand tu...

Septembre

13 #se dire
En ce moment j'aurais besoin de...

14 #grandir
Ce que je voudrais recommencer avec toi c'est...

15 #jouir
J'aime quand tu lèches mon/ma/mes...

16 #agir
Prenez le temps de 10 mn de méditation ensemble

17 #chérir

Une qualité qui m'impressionne chez toi c'est...

18 #se dire

Si je n'avais pas besoin de travailler,
ce que je ferais c'est...

19 #grandir

Une habitude que j'aimerais changer c'est...

20 #jouir

Une caresse que j'aime moins c'est...

Septembre

21 #agir

Changez la place de quelques meubles,
faites du nouveau!

22 #chérir

Une période de vie que j'ai préférée avec toi c'est...

23 #se dire

La chose la plus drôle que j'ai faite c'est...

24 #grandir

Ce que j'aimerais que nos amis se disent de nous c'est...

25 #jouir

Une caresse que je n'ose pas c'est...

26 #agir

Faites où programmez une séance de sport ensemble

27 #chérir

3 rites importants pour moi
dans notre vie de couple c'est...

28 #se dire

La façon dont mes parents m'ont appris
la discipline c'est...

Septembre

29 #grandi

Une chose que j'ai faite pour nous ces derniers temps c'est...

30 #jouir

Une chose que j'ai découverte avec toi c'est...

Octobre

« Tout le monde dit que l'amour fait souffrir,
mais ce n'est pas vrai.

La solitude fait souffrir.

Le rejet fait souffrir.

Perdre quelqu'un fait souffrir.

La jalousie fait souffrir.

Tout le monde confond ces choses avec l'amour,
mais en réalité l'amour est la seule chose au monde
qui guérit toutes les souffrances
et fait se sentir à nouveau merveilleux.

L'amour est la seule chose au monde
qui ne fait pas souffrir. »

Mehmed Meša Selimović

Octobre

1 #agir

Faites un don à une cause

2 #chérir

Je sens mon cœur plein quand tu...

3 #se dire

Un rêve que j'ai pour le monde c'est...

4 #grandir

Ce qui rendrait notre vie plus facile ce serait...

Octobre

5 #jouir
Un tabou que j'ai c'est...

6 #agir
Téléphonez à quelqu'un pour le remercier de son aide

7 #chérir
Un risque que je te félicite d'avoir pris c'est...

8 #se dire
Ce qui me donne le plus de joie c'est...

9 #grandir

Une habitude saine que je voudrais développer c'est...

10 #jouir

J'aimerais que tu m'aides à...

11 #agir

Invitez des amis à diner.

12 #chérir

Un cap que nous avons franchi ensemble c'est...

Octobre

13 #se dire

L'œuvre qui me touche le plus c'est...

14 #grandir

Ce que je voudrais accomplir avec toi c'est...

15 #jouir

Les mots qui m'excitent c'est...

16 #agir

Améliorez une chose dans votre salon
qui va vous le rendre plus cosy

17 #chérir
Je me sens pleinement vivant(e) quand tu...

18 #se dire
Ce dont je suis reconnaissant(e) envers mes parents c'est...

19 #grandir
Un de mes talents que je pourrais plus donner c'est...

20 #jouir
Les gestes qui m'excitent c'est...

Octobre

21 #agir
Partagez un apprentissage

22 #chérir
La tenue dans laquelle je te trouve irrésistible c'est...

23 #se dire
Une journée que je voudrais revivre c'est...

24 #grandir
Je pourrais prendre plus soin de toi en...

25 #jouir
Les pensées qui m'excitent c'est...

26 #agir
Décidez d'une nouvelle exploration sexuelle
et donnez-vous rendez-vous

27 #chérir
Une chose que tu as faite pour nous ces derniers temps
et que j'honore c'est...

28 #se dire
Si j'avais une boule de cristal, je voudrais savoir...

Octobre

29 #grandir

Ce que j'aimerais qu'on se dise quand on sera vieux c'est...

30 #jouir

Les situations qui m'excitent c'est...

31 #agir

Prévoyez une sortie en amoureux

Novembre

« Aimer est la seule activité qui fasse de nous des mieux que nous. »

Alexandre Jardin

Novembre

1 #chérir

Un passage difficile dans lequel tu as assuré c'est...

2 #se dire

Ce qui me rend optimiste c'est...

3 #grandir

Ce qui me rend les tâches ménagères plus faciles c'est...

4 #jouir

Dans ma vie sexuelle de rêve avec toi nous...

Novembre

5 #agir
Remémorez-vous ensemble votre rencontre

6 #chérir
Une chose que tu mérites vraiment c'est...

7 #se dire
Une journée qui m'a marqué(e) c'est...

8 #grandir
Ce que nous pourrions optimiser financièrement c'est...

9 #jouir

J'aimerais vivre plus de...

10 #agir

Invitez-vous l'un l'autre à une sortie qui change
(conférence/atelier/comique/théâtre...)
qui vous apprend le monde l'un de l'autre.

11 #chérir

Tu es unique à mes yeux car...

12 #se dire

Un endroit que je rêve de visiter c'est...

Novembre

13 #grandir

Je voudrais consacrer plus d'énergie à...

14 #jouir

Une chose que je voudrais t'apprendre c'est...

15 #agir

Dormez de l'autre côté du lit.

16 #chérir

Une chose précieuse que tu m'as transmise c'est...

17 #se dire

Une chose que j'ai faite récemment
pour la première fois de ma vie c'est...

18 #grandir

Ce que j'aimerais apprendre de toi c'est...

19 #jouir

Mes plus beaux orgasmes avec toi c'est...

20 #agir

Demandez-vous l'un l'autre comment rendre la journée
de demain plus agréable (et faites-le)

Novembre

21 #chérir
Ce que j'admire dans ta famille c'est...

22 #se dire
Ce qui me fait le plus peur en général c'est...

23 #grandir
Un de mes challenges en ce moment c'est...

24 #jouir
Après l'amour ce que je goûte c'est de...

25 #agir

Prévoyez de vous offrir un objet qui embellira
votre lieu de vie

26 #chérir

Tu m'enthousiasmes quand...

27 #se dire

Si je pouvais passer du temps avec une célébrité
ce serait avec...

28 #grandir

Une chose que je pourrai partager à l'enfant
que j'étais c'est...

Novembre

29 #jouir
J'aime regarder ton/ta/tes...

30 #agir
Faites les fous

Décembre

« En amour, tel mot, dit tout bas,
est un mystérieux baiser de l'âme à l'âme. »

Victor Hugo

Décembre

1 #chérir

Ce que tu as fait grandir chez moi c'est...

2 #se dire

Ma spiritualité est faite de...

3 #grandir

Ce que je voudrais accomplir dans les mois prochains c'est...

4 #jouir

Une chose que tu dois savoir à propos de mon corps c'est...

Décembre

5 #agir
Améliorez une chose dans votre salle de bain
qui va vous la rendre plus agréable.

6 #chérir
Si je ne pouvais pas te voir pendant 6 mois,
ce qui me manquerait le plus c'est...

7 #se dire
Si je devenais célèbre, j'aimerais que ce soit pour...

8 #grandir
Une chose difficile que j'ai faite et dont je suis fier(e) est...

9 #jouir

Une chose que tu dois savoir à propos de mon sexe c'est...

10 #agir

Soirée tendresse. Lovez-vous l'un contre l'autre.

11 #chérir

Je sais combien tu es capable de ...

12 #se dire

La dernière fois que j'ai pleuré, c'est...

Décembre

13 #grandir
Une ressource que je dois aller chercher c'est...

14 #jouir
Une chose que tu dois savoir à propos de mon désir c'est...

15 #agir
Préparez-vous l'un l'autre votre petit-déjeuner préféré

16 #chérir
Ce que nous faisons qui a le plus de sens c'est...

17 #se dire

Un des moments les plus ridicules dans ma vie ça a été...

18 #grandir

Ce que j'aimerais oser c'est...

19 #jouir

Une chose que tu dois savoir à propos de mon plaisir c'est...

20 #agir

Donnez-vous des idées de cadeaux

Décembre

21 #chérir

Je te remercie pour...

22 #jouir

Ce que je préfère dans notre vie sexuelle c'est...

23 #grandir

Ce que j'aimerais entendre de toi c'est...

24 #se dire

Pour moi Noël ça représente...

25 #agir
Échangez des cadeaux d'amoureux

26 #chérir

Un défi que tu as magnifiquement relevé c'est...

27 #se dire
Ce qui me nourrit dans ma vie sociale c'est...

28 #grandir
Un couple qui m'inspire c'est...

Décembre

29 #jouir
Ce que j'aimerais vivre davantage sexuellement avec toi c'est...

30 #agir
Faites la liste de toutes vos réalisations ensemble
et à chacun de l'année

31 #chérir
Ce que je te souhaite du fond du cœur pour cette année
qui va commencer c'est...

#se dire
Une qualité que je voudrais développer en moi c'est...

#grandir
Un risque que je me félicite d'avoir pris c'est...

#jouir
Tu es un amant (une amante) unique en ton genre
parce que...

Liste
des émotions

Utilisez cette liste pour vous aider à communiquer plus clairement sur vos émotions : les sentir, les traverser, les nommer pour vous et les partager à l'autre (en parlant en JE me sens...) vous permettront de les accueillir plutôt que de les agir.

C'est d'agir nos émotions qui cause nos problèmes relationnels. Nous pouvons devenir vraiment douloureux l'un pour l'autre.

Préférez traverser, nommer et comprendre le message de vos émotions plutôt que de les laisser vous agir à l'aveugle et faire de la bouillie...

Je me sens (liste évidemment non exhaustive) :

Accepté	Déterminé	Paisible
Abandonné	En colère	Perdu
Aimé	Emballé	Positif
Anxieux	Ennuyé	Rejeté
Apprécié	Encouragé	Rassuré
Coupable	Épuisé	Sceptique
Compris	Enthousiaste	Réconforté
Déconnecté	Honteux	Seul
Compris	Excité	Réjouis
Déçu	Impuissant	Soucieux
Confiant	Heureux	Soulagé
Dépassé	Incompris	Tendu
Conquis	Important	Touché
Déprimé	Inconfortable	Trahi
Détendu	Joyeux	Vu
Embarrassé	Malheureux	Triste

Pour muscler
votre empathie

J'imagine que tu te sens...

♥

Je suis avec toi.

♥

Tu as dû être déçu(e), non ?

♥

Cela a du sens que tu aies...

♥

Tu dois te sentir tellement...

♥

Je me sentirais blessé(e) - perdu(e) - content(e)... aussi

♥

Tu veux m'en dire plus ?

♥

Je t'entends me dire que...

Index

#chérir

Janvier : 1, 6, 11, 16, 21, 26, 31

Février : 5, 10, 15, 20, 25

Mars : 1, 6, 11, 16, 21, 26,31

Avril : 5, 10, 15, 20, 25, 30

Mai : 5, 10, 15, 20, 25, 30

Juin : 4, 9, 14, 19, 24, 29

Juillet : 4, 9, 14, 19, 24, 29

Août : 3, 8, 13, 18, 23, 28

Septembre : 2, 7, 12, 17, 22, 27

Octobre : 2,7, 12, 17, 22, 27

Novembre : 1, 6, 11, 16, 21, 26

Décembre : 1, 6, 11, 16, 21, 26, 31

#se dire

Janvier : 2, 7, 12, 17, 22, 27

Février : 1, 6, 11, 16, 21, 26

Mars : 2, 7, 12, 17, 22, 27

Avril : 1, 6, 11, 16, 21, 26

Mai : 1, 6, 11, 16, 21, 26, 31

Juin : 5, 10, 15, 20, 25, 30

Juillet : 5, 10, 15, 20, 25, 30

Août : 4, 9, 14, 19, 24, 29

Septembre : 3, 8, 13, 18, 23, 28

Octobre : 3, 8, 13, 18, 23, 28

Novembre : 2, 7, 12, 17, 22, 27

Décembre : 2, 7, 12, 17, 22, 27

#grandir

Janvier : 3, 8, 13, 18, 23, 28

Février : 2, 7, 12, 17, 22, 27

Mars : 3, 8, 13, 18, 23, 28

Avril : 2, 7, 12, 17, 22, 27

Mai : 2, 7, 12, 17, 22, 27

Juin : 1, 6, 11, 16, 21, 26

Juillet : 1, 6, 11, 16, 21, 26, 31

Août : 5, 10, 15, 20, 25, 30

Septembre : 4, 9, 14, 19, 24, 29

Octobre : 4, 9, 14, 19, 24, 29

Novembre : 3, 8, 13, 18, 23, 28

Décembre : 3, 8, 13, 18, 23, 28

#jouir

Janvier : 4, 9, 14, 19, 24, 29

Février : 3, 8, 13, 18, 23, 28

Mars : 4, 9, 14, 19, 24, 29

Avril : 3, 8, 13, 18, 23, 28

Mai : 3, 8, 13, 18, 23, 28

Juin : 2, 7, 12, 17, 22, 27

Juillet : 2, 7, 12, 17, 22, 27

Août : 1, 6, 11, 16, 21, 26, 31

Septembre : 5, 10, 15, 20, 25, 30

Octobre : 5, 10, 15, 20, 25, 30

Novembre : 4, 9, 14, 19, 24, 29

Décembre : 4, 9, 14, 19, 24, 29

agir

Janvier : 5, 10, 15, 20, 25, 30

Février : 4, 9, 14, 19, 24, 29

Mars : 5, 10, 15, 20, 25, 30

Avril : 4, 9, 14, 19, 24, 29

Mai : 4, 9, 14, 19, 24, 29

Juin : 3, 8, 13, 18, 23, 28

Juillet : 3, 8, 13, 18, 23, 28

Août : 2, 7, 12, 17, 22, 27

Septembre : 1, 6, 11, 16, 21, 26

Octobre : 1, 6, 11, 16, 21, 26, 31

Novembre : 5, 10, 15, 20, 25, 30

Décembre : 5, 10, 15, 20, 25, 30

À propos de l'Espace du Couple

À l'Espace du Couple nous mettons tout en œuvre pour ouvrir la voie du couple heureux.

Nous proposons des sessions privées pour les couples, des stages, des livres, des jeux et des programmes en ligne. Nous diffusons nos sagesses sur les réseaux sociaux.

Il est possible aujourd'hui de transformer votre relation sans passer par la case thérapie de couple, de chez vous, depuis votre canapé !

Toute notre énergie est dirigée pour offrir à tous la possibilité de prendre soin du couple par tous les moyens. Je sais que nous pouvons, en prenant soin de notre couple, changer le monde de demain.

Je sais que la qualité de notre vie dépend de la qualité de nos relations et à fortiori de la qualité de l'Espace de notre Couple !

En couple moi-même, je sais bien les difficultés et le précieux d'avoir des outils et des ressources.

Alors nous sommes là pour vous accompagner à construire la relation de vos rêves, à dépasser vos crises, à sortir des phases difficiles (que nous connaissons aussi) grandis et plus joyeux.

Le livre « Les clés de l'Intelligence Amoureuse »
Principes et rituels
pour prendre soin
de votre couple

Stages de Couple Imago®
3 journées pour tout
changer entre vous

Supervision de thérapeutes
Vous aider à grandir dans
votre pratique avec les couples

Podcast et Conférences
L'Intelligence Amoureuse
sous toutes ses coutures

Florentine d'Aulnois-Wang

Programmes en ligne de l'Intelligence Amoureuse
Faire vivre l'Intelligence
Amoureuse entre vous
quand vous voulez,
où vous voulez

« l'Art de Chérir » et « l'Art de Jouir »
Jeux de cartes pour
les explorateurs de l'amour

Stages de Couple (slow)sexualité
(Re)trouver le désir
et le plaisir de faire l'amour

Formation de thérapeutes
Vous transmettre la
vision et les outils de
l'Intelligence Amoureuse

Thérapie de Couple
Juste vous et moi pour
une journée de thérapie
de couple en profondeur

Retrouvez-nous sur nos réseaux sociaux

Plus d'informations sur
www.lespaceducouple.com

Pour en savoir plus

Rejoignez-nous sur

Et aussi sur :
https://www.lespaceducouple.com/

Couverture : CANVA
Illustrations : ©Istock
Création graphique : Mathieu Tougne
Photographie : ©Lou Sarda

Made in the USA
Middletown, DE
12 July 2023